손안의 불서

1

일상기도와 특별기도

🕸 효림

'손안의 불서'를 발간하면서

부처님의 자비와 지혜는 한량이 없지만, 욕심 많고 어리석은 중생은 그 지혜와 자비를 받아들이려 하지 않습니다. 하여 불교를 믿는 이의 수는 나날이 줄어들고, 지혜롭고 자비로운 부처님의 법륜이 멈추고 있는 듯한 착각 속에 빠지기까지 합니다.

과연 이렇게 만든 이가 누구일까요? 바로 우리입니다. 제대로 포교를 하지 못한 우리 불자들의 잘못이라는 생각을 떨쳐버릴 수가 없습니다. 이에 마음 깊이 참회하고, 우리가 할 수 있는 최선의 일을 하겠다며 시작한 것이 '손안의 불서' 시리즈입니다.

이 '손안의 불서'들은 주로 월간 「법공양」에 연재하였다가 단행본으로 발간하여 베스트셀러가 되었던 책 중에서, 꼭 필요한 부분을 발췌하고 수정 편집하여 발간하는 책들입니다.

부디 이 '손안의 불서'가 불교포교에 조금이나마 기여하고, 함께 하는 이들이 지혜와 자비와 평화와 해탈의 삶을 누리게 되기를 깊이 축원 드립니다.

불교신행연구원 원장 김현준 拜

책머리에

평소 수많은 불자들이 '기도를 하고 싶다'며 기도하는 방법을 이 산승에게 물어 왔다. 그리하여 『생활 속의 기도법』이라는 제목으로 기도의 방법을 일러주는 책을 세상에 내놓게 되었다.

사람의 한평생 가운데 마음먹은 대로 되는 일이란 지극히 적다. 우선 머릿속이 갖가지 생각들로 얽히고설켜 있으니 혼돈이 지극하고, 말과 행동으로 지은 업들이 '나'의 앞길을 막고 있으니 마음먹은 대로 살 수가 없다.

뿐만이 아니다. 이 세상을 살아가고 있기 때문에 피할 수 없는 자기 걱정, 가족 걱정, 남에 대한 걱정 속에서 한평생을 지새우기 마련이요, 돈과 명예와 자존심 때문에 괴로워하고 괴로움을 당하다가 허무하게 죽음을 맞이하게 되는 것이다.

그렇다고 사람에 대한 애착과 모든 욕심을 남김없이 비우고 사는 것 또한 용이하지가 않다. 오랜 세월 동안 무엇인가를 추구하면서 살아온 버릇 때문에 비우기가 보통 어려운 일이 아니다.

이렇게 비우기가 쉽지 않을 때, 그리고 주위 사람의 도움으로도 '나'의 어려움을 해결할 수 없을 때에는 어떻게 해야 하는가? 그냥 가만히 앉아 운명이라 받아들이며 살아야 하는가?

만약 그 어려움을 쉽게 받아들일 수 없을 뿐 아니라, 어떤 일을 꼭 이루어야 하겠다고 생각한다면 특별한 노력을 기울여야 한다. 특별한 노력이 무엇인가? 바로 기도이다.

부처님이나 큰 힘을 지닌 보살님께서 세운 행원력行願力, 곧 "고통받는 중생을 남김없이 구제하겠다"는 그 행원력에 의지하여 간절히 소원을 비는 기도법이 마련되어 있기 때문이다.

하지만 기도는 실천이지 이론이 아니다. 아울러 법에 맞는 기도를 하여야 올바른 결실을 이루어낼 수가 있다. 따라서 기도 방법을 제대로 아는 것은 성취만큼이나 중요한 일인 것이다.

만약 기도를 할 일이 있으면 법에 맞게 기도를 하라. 법에 맞는 기도를 하여야 맑아지고 밝아지며, 새로운 삶을 여는 힘이 생겨나기 때문이다.

이를 깊이 명심하고 기도를 해보라. 틀림없이 기도 성취가 스스로 찾아들게 된다. 부디 모든 이들이 법에 맞는 기도를 행하여 소원을 성취하기를 두손 모아 축원드린다.

해인사 지족암에서
동곡 일타 합장

차 례

차 례

Ⅱ. 특별 기도 성취법

I

생활 속의 기도법

잠자기 전에 기도를

임종 전과 잠들기 직전이 중요하다

먼저 어떤 사람이든지 일상생활 속에서 쉽게 행할 수 있는 기도법에 대해 함께 살펴보도록 하자.

사람의 한평생 가운데 제일 중요한 순간은 언제인가? 나는 늘 죽기 전이 가장 중요하다고 말한다. 왜? 죽기 직전에 어떤 마음을 품고 죽느냐에 따라 다음 생인 내생이 달라지기 때문이다.

임종에 다다랐을 때 "내생에는 부잣집에 태어나 넉넉하게 살아야지!" 하는 원력을 강하게 세우면, 그다음 생까지 그 힘이 그대로 전달되어 일평생 넉넉한 삶을 살 수 있게 된다.

그리고 죽기 직전에 '나무아미타불'을 일념으로

외우면 그 사람의 마음이 무량한 빛, 무량한 수명의 아미타불과 함께 하여 극락왕생을 이룰 수 있게 된다.

반대로 강한 원한을 품고 죽으면 한을 품은 떠돌이 귀신이 되거나, 다음 생 전체를 복수를 위해 소모해 버리는 허망한 일생을 보내고 만다.

그러므로 나이가 들면 자기가 지나온 생애를 되돌아보면서 내생의 행복을 위해 용서할 것은 용서하고, 부족했던 점이나 못다 한 것이 있으면 원願을 세우고 기도하면서 다음 생을 준비할 줄 알아야 한다.

이렇게 원을 세우면 영혼이 몸을 떠날 때 그 원의 싹이 잘 자랄 수 있는 환경을 택하여 태어나게 될 뿐만 아니라, 그 원력願力이 새로운 삶의 기둥이 되어주는 것이다.

그럼 하루 중에는 언제가 가장 중요한 시간인가? 잠들기 직전의 5분이 가장 중요한 시간이다.

왜 잠들기 직전의 5분이 가장 중요한가?

깨어 있는 동안 우리는 의식의 세계에서 활동을 한다. 그러나 잠이 들면 잠재의식의 세계로 들어갔다가 지극히 고요한 무의식의 세계로 빠져들게 된다.

나아가 우리의 모든 의식적 활동은 자기도 모르는 사이에 잠재의식 또는 무의식의 조정을 받는다. 따라서 의식의 세계를 보다 훌륭하게 만들기 위해서는 잠재의식과 무의식을 잘 개발해야 한다.

만약 잠자기 5분 전부터 아주 나쁜 생각을 하다가 잠이 들었다면 그는 악몽에 시달리게 되고, 깨어나서도 매우 좋지 않은 기분에 빠져들게 된다.

반대로 잠들기 전에 심호흡을 하면서 주변의 좋은 점을 생각하며 잠들면 깨어나서도 기분 좋고 활기찬 생활을 할 수 있게 된다.

염불을 하는 경우에도 마찬가지이다. 잠들기 5분 전에 관세음보살을 일념으로 부르고 자면 편안한 수면을 이룰 수 있을 뿐 아니라, 깨어나서도 곧바로 '관세음보살'을 찾는 맑은 시간을 가질 수가 있다.

곧 잠들기 전의 좋은 생각이나 '관세음보살' 염
불이 수면과 함께 의식에서 잠재의식 → 무의식의
세계로 들어갔다가, 잠이 깰 때 무의식 → 잠재의
식 → 의식의 세계로 다시 나오게 된다. 따라서 잠
자기 전의 5분 집중은 3시간, 5시간, 7시간의 집중
과 같은 효과를 나타내는 것이다.

이 원리를 기도법에 적용시키면 매우 큰 효과를
거둘 수 있게 되므로, 나는 이 기도법을 많은 이들
에게 즐겨 권하고 있다.

수험생과의 대화

그럼 잠들기 전에 어떻게 기도해야 하는 것인가? 그 비결은 집중과 간절함에 있다.

❀

나는 종종 대학시험 준비를 하는 학생들과 기도 이야기를 나누곤 한다.

"요즘 시험공부 하느라고 힘들지? 공부는 잘되느냐?"

"스트레스만 쌓일 뿐 공부가 잘되지 않습니다."

"내가 공부 잘되는 방법을 가르쳐 줄까?"

"예!"

"잠들기 전에 '내일 새벽 몇 시에 일어나서 공부해야지' 하고 잠들면 그 시간에 눈이 번쩍 떠지는 일을 경험해 본 적이 있느냐?"

"예, 자주 있습니다."

"바로 그와 같은 방법을 쓰면 된다. 잠들기 조금

전에 '관세음보살'을 부르되, 먼저 허리를 쭉 펴고 심호흡을 세 번 이상 해라. 그리고 숨을 깊이 들이킨 다음 침을 꿀꺽 삼켜. 그래서 숨을 막아. 그럼 당연히 숨이 꽉 찼지? 꽉 찬 숨을 아껴서 한 번의 숨을 다 내쉬는 동안에 '관세음보살'을 108번을 불러라.

왜 한숨에 108번을 부르라는 것인가? 천천히 부르면 잡념이 많이 생기지만, 한숨에 아주 빨리 108번을 부르면 집중이 잘 되고, 간절한 마음이 우러나기 때문이다.

처음에는 '관─세음─보─살, 관─세음─보─살' 하면서 천천히 시작하여 서너 번 지나면 점점 빨리 불러. 그래서 마침내는 한 번 한 번 부르는 '관세음보살' 소리가 앞뒤 간격이 없을 만큼 빠르게 불러야 한다. 너는 '관세음보살'을 부르고 있지만, 옆에서 듣는 사람은 무슨 소리인지 알아듣지 못할 정도로 빨리!

이렇게 빨리 부르면 능히 한숨에 108번을 부를 수 있게 된다. 물론 처음에는 30번, 40번밖에 부를 수 없을 거야. 그렇지만 능력껏 부른 다음 숨을 깊이 들이키면서 속으로 기원을 해라.

'관세음보살님! 공부가 재미있습니다. 공부가 잘됩니다. 이번 시험은 틀림없이 붙었습니다(3번).'

그리고 다시 앞의 요령대로 관세음보살을 108번 부르고 기원, 또 108번 부르고 기원…. 이와 같이 세 차례 또는 일곱 차례 반복하면 자기 암시가 되어 공부도 잘되고, 관세음보살님의 가피를 입어 능히 좋은 결과를 얻을 수 있다. 시간은 5분 또는 10분 정도 걸리지. 한번 해보겠느냐?"

"예."

"어떤 일이 있더라도 매일 잠자기 전에 꼭 하고 자야 한다. 혹 여행 또는 다른 집에 가거나 하여 기도할 장소가 마땅치 않을 때도 있을 거야. 그럴 때는 화장실이나 목욕탕에 들어가서 해도 되고 이불 속에서 해도 괜찮아.

방에서 할 때는 바닥에 또는 책상 의자에 앉아서 하고, 기원은 잠자리에 들어서도 속으로 하는 것이

좋다. 그래야 잠드는 순간과 접속이 되어 잠재의식
속으로 딱 붙게 되니까…."

♝

나는 아직까지 이 기도법을 실천한 학생들 중에
서 원하는 대학에 합격하지 못하였다는 이야기를
듣지 못하였다. 하루 5분, 10분의 잠자기 전 기도
가 예상 밖의 좋은 결과를 나타낸 것이다.

가족과 중생을 위한 기도

나는 학생들에게 권하는 이 기도법을 재가불자들에게도 즐겨 일러주고 있다. 곧 가족을 위한 기도를 집에서 매일 하라는 것이다. 그때도 요령은 마찬가지이다. 잠자기 직전, 한숨에 108번의 염불과 기원….

다른 점이라면, 앞의 수험생 경우는 자기 기도를 자기가 하는 것이지만, 가족을 위한 기도는 남의 기도를 대신해준다는 점이다. 그러나 대신해주는 기도라 하여 효과가 크게 떨어지는 것은 아니다.

대신해주는 기도의 원리는 햇빛을 거울로 받아 굴속이나 어두운 방을 비춰줌으로써 그 굴속과 어두운 방을 환하게 밝히는 것과 같은 것이다.

내가 가족 중 한 사람을 생각하며 관세음보살을 부르면 관세음보살의 밝은 가피가 그에게로 향한다. 남편이나 자식이 직접 기도를 하지는 않지만, 대신 기도하는 힘으로 잘 될 수가 있는 것이다.

특히 가족끼리는 뇌파작용, 뇌전파작용이 어느
누구보다도 강하다. 기도하면서 이 텔레파시를 보
내면 불보살의 밝은 광명이 그 가족에게 전달되
고, 그 가족이 밝은 광명을 받게 되면 어둡던 장애
가 사라져서 뜻과 같이 이룰 수 있게 된다.

그리고 기도의 대상으로는 가족을 중심에 두되,
친가·시가·처가·외가를 비롯하여 마음이 가는
사람들을 위해 축원을 해주는 것이 좋다. 결코 편
협한 마음으로 기도 대상에서 제외한다거나 미워
하는 마음을 가져서는 안 된다.

✿

한번은 법문을 하면서 "식구들마다 기도해주라"
고 하였더니, 법회가 끝난 뒤 노보살 한 분이 따로
찾아왔다.

"스님, 우리 큰사위는 기도를 안 해줄랍니다."

"왜 그러십니까?"

"우리 큰사위가 부산에서 판사 노릇을 하는데, 하

루는 딸네 집을 찾아갔더니 참외를 깎아줍디다. 그런데 깎은 참외를 칼로 푹 찍어서 '어머니, 잡수소!' 하지 않겠습니까? 그런 불학무식한 놈이 어디 있습니까? 꼴도 보기 싫은데, 어찌 기도가 되겠습니까?"

"해주고 안 해주고는 보살 마음이지만, '미운 사람일수록 극락 가도록 기도해주라'는 옛 말씀도 있지요."

이렇게 대화를 마친 뒤 잊고 있었는데, 그 노보살이 다음 달 법회에 참석하여 말하였다.

"지난 달 법회 한 날부터 스님 말씀대로 가족 한 사람 한 사람에 대해 기도를 하였지만, 큰사위 기도는 하지 않았습니다. 그런데 3일 뒤 큰사위가 교통사고를 만났지 뭡니까? 차는 폐차를 하였고 다행히 사위는 다치지 않았는데도, 갑자기 가슴이 철렁 내려앉습디다. '저 사위 죽으면 내 딸은 어떻게 될꼬?' 하는 생각이 들면서…. 그래서 그날부터 큰사위를 위한 기도도 해주고 있습니다."

🕯

약간은 우스운 이야기지만, 좋고 싫은 것이 많은 우리로서는 한 번쯤 되새겨봄 직한 이야기이다. 다시 주제로 돌아가 가족을 위한 기도에 대해 조금 더 구체화시켜 보자.

예를 들어 '나'의 가족이 아이들의 할아버지·할머니·아버지와 큰아들·작은아들·딸로 구성되어 있고, 어머니인 내가 기도를 한다고 하자.

이 경우 할아버지·할머니를 한 몫으로 하여 건강과 장수를 축원해 주는 것을 시작으로, 가장인 남편(아버지)을 위한 기도와 축원, 그다음으로 큰아들·작은아들·딸 등 자식을 위한 기도와 축원, 친정 부모님·형제·자매를 한 몫으로 삼아 기도하고 축원한다. 그리고 마지막에는 당사자인 나(어머니)에 대한 기도와 축원을 하면 된다.

기원문은 사람의 형편에 따라 적절히 정하되, 한 사람에 대하여 108번 '관세음보살'과 세 번의 축원을 잊어서는 안 된다.

반드시 그 가족의 얼굴을 떠올리면서 간절히 관

세음보살을 108번(한 숨 동안) 외운 다음, "늘 건강하고 뜻과 같이 이루어지게 해주셔서 감사합니다." 등의 축원을 세 번 정도 기원하면 된다.

만약 가족 구성원 중 특별한 처지에 있는 사람이 있다면 그를 위해서는 더 많이 기원해주어야 한다. 예를 들어 작은아들이 큰 시험을 앞두고 있다면, 그 아들을 위해서는 108염불을 세 차례 정도 하고, '꼭 시험에 붙게 해주십시오. 시험공부 잘 됩니다. 합격하게 해주셔서 정말 감사합니다.' 하면서 기원하는 것이 좋다.

내가 기도를 해서 우리 가족 모두가 잘 된다면 얼마나 보람 있고 가치 있는 일이겠는가?

만약 불교를 믿는 이들 중에서 아직까지 이와 같은 기도를 하지 않고 지내는 분이 있다면 지금부터라도 텔레비전 보는 시간을 30분 정도 줄이고, 꼭 기도를 하고 자는 습관을 들이기를 간곡히 당부드린다.

그리고 이와 같은 기도를 할 때 꼭 권하고 싶은

것은, '한 번의 108염불'을 더하여 중생을 위해 축
원하라는 것이다(이 기도를 먼저 하는 것도 좋다).

　'모든 중생이 행복하게 해주십시오. 모든 중생이
행복하게 해주십시오. 모든 중생이 행복하게 해주
십시오.'

　가족과 나의 이익을 위한 기도가 아니라 직접적
인 이해관계가 없는 중생을 위한 기도! 이것이 세
상을 맑히고 아름답게 만든다. 이것이 나의 불성佛
性을 깨어나게 만든다. 남을 이롭게 하는 한마디의
축원이 '나'를 참된 보살의 지위로 끌어올리는 것
이다. 꼭 중생 축원의 기도를 곁들이기 바란다.

108배 기도

왜 절을 하라고 하는가?

잠자기 전의 기도 외에 우리가 일상생활에서 실천할 수 있는 훌륭한 기도법으로는 절을 하는 방법이 있다.

왜 우리 불교에서는 절할 것을 권하는 것일까?

첫째는 절을 통하여 아상我相을 꺾고 복밭을 이루기 위함이다.

인간의 그릇된 업들은 아상에서 비롯된다. '나다', '내가 제일이다' 하는 교만심을 일으켜 제 잘난 맛으로 살기 때문에 문제들이 생겨나는 것이다.

이 세상에는 '자기가 제일'이라고 하면서 남을

무시하는 사람이 많다. 자기만 대단한 것처럼 생각하는 것이다. 심지어는 한 나라 전체를 통치하는 대통령이 되고자 하는 사람들까지 이러한 생각에 빠져 출마하는 경우를 흔히 볼 수 있다.

"다른 사람은 대통령감이 아니다. 나만이 대통령감이다. 내가 대통령이 되어야 이 나라가 바로 설 수 있다."

이렇게 자만심이 강한 사람을 대통령으로 뽑는다면 그 나라의 꼴이 어떻게 되겠는가? 실로 우리 주위에는 자신을 높이고 '제 잘난 체'하는 사람들이 많이 있지만, 그 '나'를 자세히 들여다보면 허망하기가 짝이 없다.

먼저 나의 육체를 관찰해보라. 이 몸뚱이는 물질에 불과하다. 물질이 차츰 낡아서 부서지듯이, 몸뚱이가 아무리 잘생기고 튼튼하더라도 별수가 없다.

만리장성을 쌓은 진시황도 한 줌 흙으로 바뀌었고, 히틀러 등 수많은 독재자들도 마침내 죽어 염

라대왕 앞으로 가 버렸다. 오래되면 물질은 사라지기 마련인 것이다.

나의 정신 또한 다를 바가 없다. 아무리 정신력이 뛰어난 사람이라 할지라도 변천하는 생각을 멈추게 할 수는 없다. 한 생각이 일어나서는 잠시 머물다가 달라지고 사라져가는 흐름이 계속 반복되고 있을 뿐이다.

육체와 정신으로 구성된 '나'! 그 '나'는 끊임없이 변하다가 사라져버리는, 무상하고 허망하기 짝이 없는 존재이다. 그런데 이 무상한 나를 대단한 것인 양 내세우고 있으면 고통만 따를 뿐, 멋있고 자유로운 삶이나 공부에는 전혀 도움이 되지 않는다. 그러므로 정말 잘살고자 하는 사람은 아상我相부터 없애야 한다.

아상을 없애는 공부! 그것이 바로 절이다.

"저의 가장 높은 머리를 불보살님의 가장 낮은 발아래에 두고 절하옵니다."

"저의 가장 귀중한 목숨을 바쳐 절하옵니다."

만약 '나'를 높이는 아상을 버리고 절을 하여 하심下心을 할 수 있는 사람이라면 진실로 남을 위해 봉사할 수 있는 마음을 낼 수 있게 되고, 참된 봉사를 하면 내 마음이 저절로 편안해지며, 내 마음이 편안해지면 나를 대하는 모든 사람의 마음도 편안해질 수가 있다.

이렇게 하여 일체 사람을 편안한 세계로 인도하면 대복전大福田, 곧 큰 복밭을 만들어낼 수 있게 되는 것이다.

둘째는 업장소멸業障消滅, 곧 절을 많이 하여 속에 쌓은 업을 비워내고자 함이다.

옛 스님이 말씀하셨다.

'이 몸은 돌아다니는 변소요, 구정물통이다.'

실로 그러하다. 아무리 얼굴을 예쁘게 꾸미고 화장을 했다고 해도 알고 보면 추하고 더럽기 짝이 없는 것이 우리의 몸뚱아리이다. 가죽 피대 속에는 피와 고름과 때와 똥오줌으로 가득 채워져 있다.

그뿐인가? 제 마음에 맞으면 탐욕심을 내고 제 마음대로 되지 않으면 성을 내며, 탐하고 성내다 보니 마음이 고요하지 못하여 시기·질투·아만·방일 등의 무수한 어리석음을 저지르고 마는 것이다. 나아가 살생·도둑질·삿된 음행·거짓말까지 곁들이고 있으니….

　이러다 보니 우리의 마음 그릇은 완전히 구정물통이 되고 말았다. 본래 깨끗하고 천진했던 항아리에 쓰레기 찌꺼기도 담고 쉰 밥도 담고 고기 뼈다귀도 담고…. 온갖 찌꺼기들을 자꾸 담다 보니 구정물통이 되어버린 것이다.

　북적북적 속이 끓는 탁하디탁한 구정물통! 흉칙한 망상이 항상 출렁이는 구정물통! 그 구정물통이 꽉 차서 콸콸 넘치고 있다. 이제 우리는 이 마음 그릇 구정물통을 맑혀야 한다.

　그러나 넘치는 구정물통에 맑은 물 한 사발을 붓는다 하여도 별 소용이 없다. 맑히려면 구정물통을 넘어뜨려 쏟아버려야 한다. 그렇지만 통의 배는 큰데 모가지가 작아, 넘어뜨려 쏟아 봐도 속의 것이 잘 나오지 않는다.

이제 별도리가 없다. 오직 한 바가지 맑은 물을 붓고 흔들면서 냅다 쏟고, 한 바가지 물을 붓고 냅다 쏟고…. 오로지 거듭거듭 반복할 수밖에 없다.

바로 이와 같은 반복 작업이 절이다. 부처님이나 관세음보살님을 간절히 찾는 것은 맑은 물을 붓는 것이고, 절하며 엎어지는 것은 구정물통을 흔들면서 찌꺼기는 쏟아내는 것이다.

그렇다고 하여 몇 번의 절로써는 속의 묵은 찌꺼기를 다 비워버릴 수는 없는 것이기 때문에 거듭거듭 절할 것을 옛 스님들은 강조하셨다. 108배부터 시작하여 1천배·3천배·5천배·1만배의 절을 하도록 하신 것이다.

이렇게 거듭거듭 절하다 보면 업장이 소멸될 뿐 아니라, 내 마음의 그릇이 청정해지고 내 몸뚱이 그릇이 청정해지면서 불보살님의 가피가 나타나게 된다.

  곧, 중생심의 물이 청정해지면 불보살의 달그림자가 거기에 나타나게 되는 것이다.

  우리를 맑히고 우리를 큰 복밭으로 만들어주는 절. 이제 성의만 있으면 보통사람이 평소에 능히 할 수 있는 108배에 대해 살펴보도록 하자.

108번뇌와 108배

불교의 절하는 숫자에 대한 근거는 뚜렷하다.

3배를 드리는 것은 삼보三寶에 귀의하여 탐심·진심·치심의 삼독심三毒心을 끊고 계戒·정定·혜慧 삼학三學을 닦겠다는 의지를 표명하는 것이다.

53배는 참회 53불佛에 대한 경배이며, 1천 배는 지금 우리가 살고 있는 현겁賢劫의 1천 부처님께 1배씩의 절을 올리는 것이요, 3천 배는 과거·현재·미래의 3대겁에 출현하는 3천 부처님께 1배씩의 절을 올리는 예법이다.

그렇다면 108배는 무엇인가? 바로 이 108배가 108번뇌의 소멸과 관련되어 있음은 누구나 쉽게 짐작할 수 있을 것이다. 그러나 우리는 108이라는 숫자가 108번뇌를 뜻한다는 것은 쉽게 파악하면서도, 어떻게 해서 중생의 번뇌를 108이라는 숫자로 분류하였는지를 분명히 아는 사람은 드물다.

108번뇌는 중생의 근본번뇌이다. 이 108번뇌는

감각기관인 육근六根과 감각기관의 대상인 육경六境(육진六塵이라고도 함)이 서로 만날 때 생겨난다.

눈〔眼〕·귀〔耳〕·코〔鼻〕·혀〔舌〕·몸〔身〕·뜻〔意〕의 육근이 색깔〔色〕·소리〔聲〕·향기〔香〕·맛〔味〕·감촉〔觸〕·법〔法〕의 6경을 접하게 될 때, 먼저 좋다〔好〕·나쁘다〔惡〕·좋지도 싫지도 않다〔平等〕는 세 가지 인식작용을 일으킨다.

그리고 다시 좋은 것은 즐겁게 받아들이고〔樂受〕, 나쁜 것은 괴롭게 받아들이며〔苦受〕, 좋지도 싫지도 않은 것에 대하여는 즐겁지도 괴롭지도 않게 방치하는〔捨受〕 것이다.

곧 6근과 6경의 하나하나가 부딪칠 때 좋고〔好〕·나쁘고〔惡〕·평등하고〔平等〕·괴롭고〔苦〕·즐겁고〔樂〕·버리는〔捨〕 여섯 가지 감각이 나타나기 때문에, 6×6=36, 즉 서른여섯 가지의 번뇌가 생긴다.

이 36번뇌를 중생은 과거에도 했었고 현재에도 하고 있고 미래에도 할 것이기 때문에, 6×6=36에

과거·현재·미래의 3을 곱하여 108번뇌가 만들어
지는 것이다. 이를 도표화하면 다음 〔표〕와 같다.

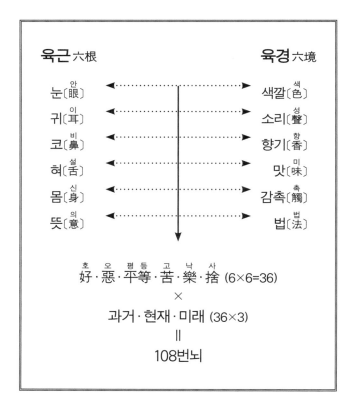

이와 같은 108번뇌가 벌어지고 또 벌어져서 팔만사천 번뇌망상을 이루게 되고, 그 번뇌들이 눈 깜짝할 사이에 무수히 왔다 갔다 하면서 마음을 흩트려 놓기 때문에, 중생은 번뇌로 인해 시달리는 삶을 살아갈 수밖에 없는 것이다.

108번뇌! 이것은 우리의 흩어진 마음을 뜻한다. 하나로 모아진 마음이 아니라 바깥으로 흩어진 마음, 근원을 돌아보는 마음의 상태가 아니라 끊임없이 타락하고 흘러 내려가는 유전流轉의 삶에 빠져들게 만들며, 이것이 108번뇌와 깊이 결속되어 있는 중생의 삶이다.

그러나 이와 같은 108번뇌는 108번의 절을 하는 동안 스스로 순화되어 삼매의 힘으로 변화된다.

흩어진 마음을 하나로 모아 일심의 원천으로 거슬러 올라가는 환멸還滅의 시간이 펼쳐지게 되는 것이다.

우리의 마음은 무한한 능력, 영원한 생명력을 지

니고 있다. 하지만 그 마음이 번뇌를 따라 밖으로 밖으로 뿔뿔이 흩어질 때는 무능에 빠지고 끝없는 생사의 유전 속으로 전락하고 만다.

반대로 번뇌 속으로 흩어진 마음을 하나로 모을 때 삼매의 힘은 다시 되살아나고, 원래의 무한 능력이 우리에게서 한 번도 떠나지 않았다는 것을 깨달을 수 있게 된다.

"108배로써 108번뇌를 끊는다."

이 108배 속에는 번뇌를 좇아 흘러 내려가는 삶을 일심의 원천으로 돌리겠다는 의지가 숨겨져 있다. 유전이 아니라 환멸의 삶, 번뇌 이전의 영원 생명으로 돌아가 부처님과 하나가 되는 삶, 무한 능력을 회복해 가지겠다는 강한 의지가 담겨 있다.

그러나 번뇌는 끊는 것이 아니다. 마음을 하나로 모을 때 번뇌는 저절로 사라진다.

108배의 절은 번뇌를 끊는 의식이 아니라, 깊은 삼매三昧 속으로 우리를 인도하는 방편이다. 우리가 매일매일 108배의 정진을 통하여 삼매 속으로 몰입할 때 우리의 모든 번뇌는 차츰 사라지게 된다.

삼매와 환멸과 성취! 이것이 우리가 108배를 하는 까닭임을 분명히 알아야 할 것이다.

아침에는 108배, 자기 전엔 염불

이제 108번뇌와 108배의 참 의미를 분명히 알았을 것이다. 그리고 108염주를 지니는 까닭도 알 수 있을 것이다.

우리 불자들 중에는 108염주를 매고 다니는 사람이 많다. 이 108염주는 액세서리가 아니다. 108번의 염불과 108배를 통하여 108번뇌로써 지은 죄업들을 참회하기 위해 가지고 다니는 것이다. 부처님 앞에 한 번 절하고 한 개 돌리기를 108번 하면서 108번뇌를 끊어 나가라고 108염주를 가지고 다니는 것이다.

108번뇌가 소멸되면 누구나 소원을 이룰 수가 있다. 우리가 바라는 소원을 능히 이룰 수 있는 것이다. 그러므로 매일 이 108배를 생활화하는 것이 좋다.

아침에 일어나서는 108배, 저녁의 자기 전에는 가족 한 사람 한 사람을 향한 108염불!

이것을 생활화하면 마음이 점차 모이고 맑아져서 언젠가는 삼매의 경지에 도달할 수 있게 된다. 그리고 불보살의 은근한 가피인 명훈가피冥熏加被를 얻어, 재난은 스스로 피해 가고 가정은 두루 편안해지며 기쁨과 행복은 충만하여진다.

만일 집에서 108배를 할 여건이 되지 않는 경우라면 절을 찾을 때만이라도 꼭 108배를 하도록 하자. "절을 하는 곳이기 때문에 사찰을 절이라고 부른다"는 속설이 있듯이, 좋은 도량을 찾았을 때만이라도 법당의 부처님께 정성껏 108배를 올리는 신심을 보여야 할 것이다.

이제 아침 108배, 저녁 잠들기 전의 기도를 통하여 소원을 이룬 세 고시생의 이야기를 하면서 제1장의 '생활 속의 기도법'에 대한 글을 매듭짓고자 한다.

❀

1980년대의 일이다.

지금은 재가불자의 참선수련 도량으로 바뀌었지

만 당시 해인사 원당암은 고시생들이 많기로 유명하였다. 원당암에서 공부하여 사법고시에 합격한 사람이 10여 년 동안 50명도 넘었기 때문이다. 자연 방을 얻으려는 경쟁이 치열해지자, "돈을 2배, 3배 주겠으니 있게 해 달라"는 사람도 많았다.

그러나 원당암 스님들이 누구인가? 오히려 네 가지 규칙을 정하여 규칙을 준수하겠다는 사람들만 받아들였다.

첫째, 새벽예불에 참석해야 한다.

둘째, 술과 담배를 먹지 못한다.

셋째, 여자친구의 방문은 사절한다.

넷째, 주지스님 허락 없이는 바깥출입을 금한다.

처음 이렇게 다짐하고 원당암에 있게 된 고시생 중, 3명의 학생이 몰래 해인사 관광촌으로 내려가서 술을 먹다가 주지스님께 들키고 말았다.

"이놈들! 당장 원당암에서 나가거라."

책 보따리를 절 마당에 들어 내놓고 몽둥이를 잡은 채 호령하는 주지스님의 서슬에 놀라 그들은 암자

밖으로 뛰쳐나갔다. 그러나 집으로는 돌아갈 수 없는 노릇이었다. 세 사람은 궁리 끝에 나를 찾아왔다.

"저 위의 지족암 큰스님께 찾아가 보자. 혹시 거기 있으라고 할지도 모르잖아."

그러나 방이 없는 지족암에 '있으라'고 할 수도 없는 일. 나는 잠시 그들과 이야기를 나누었다.

"너희들, 사법고시에 꼭 합격하고 싶지?"

"예!"

"그런데 공부는 잘되지 않고?"

"예, 공부하기가 통 싫습니다."

"내가 공부하고 싶도록 해줄까? 공부 잘되도록 하는 방법이 있다."

"어떻게요?"

"너희 마음대로 안 되는 것을 마음대로 할 수 있도록 하는 것이 부처님의 법 아닌가! 내가 시키는 방법대로 해볼 테냐?"

"예, 공부만 잘된다면 하지요."

"첫째, 너희들이 절에 와 있으니까 부처님께 절을

해야 한다. 새벽예불 목탁 소리가 나거든 무조건 법당으로 달려가서 절 108배를 해라. 108배를 하면 아침에 국민체조를 하는 것보다 더 좋다. 몸이 아주 건강해진다. 손가락 발가락까지도 운동이 다 되고 목운동 허리운동 발목운동 온 전신운동이 다 되는 것이니까. 운동 가운데 절하는 운동보다 더 좋은 운동이 없다. 할 수 있겠느냐?"

"예."

"이렇게 부처님께 108배를 드리면서 '부처님, 공부 재미있게 해주십시오. 공부 재미있게 해주십시오. 시험에 꼭 붙게 해 주십시오…'하면서 간절히 기원해야 한다."

"두 번째는 잠들기 직전에 관세음보살을 부르고 자는 것이다. 먼저 코로 심호흡을 세 번 또는 일곱 번 하고, 관세음보살을 아주 빨리, 108번을 불러라. 처음에는 3~40번밖에 못 부를 것이지만, 일단 한숨을 다 내쉴 동안 부르고 나서 '관세음보살님! 꼭 시험에 되게 해주십시오. 공부 잘됩니다. 공부가 재미

있습니다' 이렇게 3번 기원을 해라. 그렇게 '한숨 염불'을 세 번 또는 일곱 번 정도 하여야 한다."

"스님, 왜 관세음보살을 그렇게 빨리 불러야 합니까?"

"관세음보살을 천천히 부르면 생각이 서울 갔다가 대전 갔다가 부산 갔다가, 왔다 갔다 하게 된다. 그럼 효과가 없어. 관세음보살을 아주 빨리 부르면, 부르기 급한데 어디 갈 여가가 있나? 생각이 도망칠 틈이 없게 되고 마음이 하나로 모이니까 틀림없이 힘이 모이게 되는 것이다."

"그리고 공부를 하다가 정신이 흐릿해지거나 마음이 풀어질 때에도 이렇게 '한숨' 동안 관세음보살을 불러 보아라. 아주 큰 도움이 될 것이다."

학생들은 아주 좋아하면서 꼭 실천하겠다고 다짐하였고, 나는 그들을 데리고 원당암으로 가서 주지 스님에게 부탁하였다.

"학생들이 잘못을 뉘우치고 앞으로 잘하겠다고 하니 한 번만 용서하시오."

그날부터 시험 치기 전까지 약 백 일 동안 세 학생은 기도와 공부를 부지런히 하였고, 마침내 세 사람 모두 사법고시에 합격하였다.

기쁨에 넘친 그들은 법관 교육을 받기 위해 사법연수원으로 가기 직전, 커다란 케이크를 사 들고 나에게로 찾아왔다. 그리고 시험장에서 있었던 무용담을 늘어놓았다.

"스님, 시험장에 앉아 주위를 돌아보니 모두가 백지장 같은 얼굴을 하고 있었습니다. 제대로 된 얼굴을 가진 사람은 저희들뿐인 듯했습니다. 저희들은 시험지가 나오기까지 일심으로 관세음보살을 불렀습니다. 마음이 그렇게 편안할 수가 없었습니다."

"그런데 스님, 막상 시험문제를 받고 보니 거기에 기적이 있었습니다. 원당암 앞의 길을 산책하다가 갑자기, '아차! 그 문제 한 번 더 보아야겠다'고 하여 꼼꼼히 살펴본 문제, 부처님께 절하다가 생각이 나서 한 번 더 찾아본 문제 등, 일부러 기억하고 거듭거듭 따져봤던 문제들이 몽땅 출제되어 있었습니다. 어찌 저희들이 떨어질래야 떨어질 수 있었겠습니까? 스님, 감사합니다. 모두가 스님 덕입니다."

"나도 너희들 덕에 법문할 이야깃거리가 하나 더 생겼구나. 나도 너희들에게 감사한다."

우리 모두는 이렇게 웃음꽃을 피웠다.

§

이 산승은 간곡히 당부드린다. 지금 현재 앞에서 이야기한 일상의 기도를 하지 않고 있는 불자라면 이 기회에 꼭 실천해보라는 것을!

기한은 스스로의 형편에 맞게 정하라. 백일을 하나의 기한으로 삼아도 좋고, 49일을 기한으로 삼아도 좋다. 그것도 어렵다면 삼칠일(21일), 21일도 어렵다면 단 7일이라도 좋다. 꼭 한번 해 보라. 틀림없이 마음이 평화로워지고 건강도 좋아지며, 소원도 성취할 수 있게 된다.

부디 이 생활 속의 기도를 뒷날로 미루지 말고 지금 이 자리에서 한마음으로 행하여, 신심을 이루고 뜻을 성취하기 바란다.

Ⅱ

특별 기도 성취법

앞의 장에서는 '생활 속의 기도법'이라는 제목으로 평소 일상생활 속에서 쉽게 행할 수 있는 잠들기 전의 염불기도법, 108배 기도법 등에 대해 기본 원리와 방법을 상세히 이야기하였다.

　여기에서는 아주 다급하고 특별한 상황에 처하였거나 특별한 경우에 행하는 기도법에 대해 살펴보고자 한다.

속성가피를 이루려면

　우리 불자들은 기도를 한다. 불보살님께 마음속의 소원을 기원하면서 기도를 한다. 간절히 간절히 기도를 하고, 마침내는 '소원성취'라는 결과를 이룩하게 된다.

　간절한 기도에 소원성취.

　그러나 이것은 불교만의 전유물이 아니다. 기독교·이슬람교·힌두교 등의 세계적인 종교나 각국의 민간 종교에서도 간절한 기도를 통하여 소원을 이루는 경우는 수없이 많다. 심지어는 집단 최면의 효과가 있는 타종교의 '광狂'에 가까운 기도가 더 빠른 성취를 안겨주는 듯이 보일 때도 있다.

　그렇다면 여기서 잠시 생각해 보자. 불교의 기

도와 다른 종교의 기도는 같은 것인가? 불교만이 아니라 그 어떤 종교의 기도라도 똑같은 영험에 똑같은 결과가 있기 마련인 것인가?

아니다. 그렇지가 않다. 왜냐하면 기도 성취의 근거가 서로 다르기 때문이다.

불교의 기도는 불성佛性, 누구나가 가지고 있는 참된 마음자리의 영원생명·무한능력을 의지하고 개발하는 것인데 비해, 타 종교의 기도는 인간이 스스로 설정한 바깥의 절대적인 존재에만 매달리는 것이다.

따라서 불교의 기도를 하여 가피를 입은 사람은 자기의 참 마음자리 개발을 위해 꾸준히 수행하는 경우가 많고, 타종교의 사람들은 자기 개발보다는 절대자를 위한 헌신으로 나아가는 경우가 대부분이다.

절하는 사람과 절받는 부처님

이제 이러한 사실을 바탕에 깔고, 불교의 기도 성취 원리와 옛 스님들이 절을 하면서 기도를 하도록 한 까닭에 대해 보다 자세히 살펴보도록 하자.

불교의 절은 능례能禮와 소례所禮로 이루어진다. 곧 능能은 주체요 소所는 대상으로, 능례는 절하는 '나'를, 소례는 그 절을 받는 불보살을 가리킨다.

중생의 분별세계에서는 이 능과 소가 언제나 붙어 다니기 마련이다. 우리가 그토록 중요시하는 나도 너가 있기 때문에 있다. 너가 없으면 나라는 존재도 있을 수 없다. 선과 악도 마찬가지요, 사랑과 미움도 마찬가지이다.

그러나 이 모든 상대적인 것이 결코 두 몸을 가지고 있거나 다른 뿌리를 가지고 있는 것은 아니다. 이들은 손등과 손바닥의 관계처럼 항상 함께 하고 있다. 곧 예배를 하는 이와 예배를 받는 분이

완전히 별개의 존재가 되어 있는 것이 아니라 불이
不二의 관계에 놓여 있는 것이다.

　그렇다면 절을 하는 사람과 절을 받는 분은 무
엇에 의지하여 손의 앞·뒷면처럼 존재하게 되는
것인가?

　그것은 우리의 참된 마음자리이다. 절을 받는
부처님은 참 마음자리를 회복해 가진 분이요, 절
을 하는 우리는 참 마음자리를 가지고 있으면서도
제대로 발현을 시키지 못하고 있는 존재인 것이다.

　따라서 기도하는 우리에게 가장 절실하게 요구
되는 것 또한 우리의 마음자리 능력을 한껏 끌어
올리는 일이다. 만약 이렇게만 하면, 절을 받는 부
처님과 절을 하는 우리의 마음자리가 하나로 계합
하여 어떠한 소원도 능히 이룰 수가 있다.

　'나'의 참 마음자리!

　모든 것은 이 마음자리로부터 생겨난다. 비록
이 마음자리는 특별한 모습이나 실체가 없지만,
인연이 화합하면 갖가지 묘한 모습과 작용을 나

타내 보이게 된다.

좋고 궂은 모든 일도 바로 이 마음자리에서 일어나고, 기도 성취의 근원적인 힘도 이 마음자리에서 비롯되는 것이다.

곧 기도를 제대로 하면 참된 마음자리에서 수승하고 오묘한 힘이 흘러나와 기도를 이루게 하는 것일 뿐, 다른 특별한 존재가 감응하는 것이 아니라는 것을 우리 불자들은 분명히 알아야 한다.

사력십증배死力＋增培

그렇다면 어떻게 기도할 때 이 마음자리로부터 성취의 능력이 분출되는 것인가?

가장 빠른 방법은 사력死力을 다하는 것이다. 사력을 다할 때 참 마음자리의 힘은 가장 힘차게 뻗어 나오기 때문이다.

불교에서는 중생의 마음을 연려심緣慮心·육단심肉團心·진여심眞如心으로 분류하기도 한다.

이 중 연려심은 다가온 인연 속에서 일어나는 평소의 마음상태를 가리키고, 육단심은 만용을 부려 억지로 하는 것으로 보통 때는 일어나지 않다가 큰 욕심이 일면 생겨나게 된다. 진여심은 우리의 마음 가장 깊은 곳에 자리 잡고 있는 참되고 한결같은 마음자리로서, 아주 특별한 때만 나타나게 된다.

예를 들면서 조금 더 구체적으로 살펴보자.

어떤 사람은 집에 불이 나자 자기 키보다 더 큰

장롱을 번쩍 들고나왔는데, 나중에 아무리 생각해 보아도 어디에서 그런 힘이 나왔는지를 알 수 없었다고 한다. 이것이 바로 육단심이다.

옛말에 "욕심으로 하는 일은 보통 때보다 다섯 배의 힘이 생긴다〔欲力五增培〕."라고 하였는데, 이 마음으로 기도하여도 보통과는 다른 결과를 얻을 수가 있다.

그리고 진여심의 힘은 평소에는 느낄 수 없지만, 특별한 경우 우리의 마음 깊은 곳에서 우러나오는 힘으로, 이를 세속에서는 '사력'이라고들 한다. "죽을힘을 다하면 열 배의 힘이 생긴다〔死力十增培〕."는 말은 바로 이 진여심과 관련되어 있다.

❀

옛날 활을 잘 쏘는 사람이 밤길을 가다가 호랑이를 만났다. 깜깜한 어둠 속에서 눈에 불을 켜고 있는 호랑이를 대하자 온몸의 털이 모두 곤두섰지만, 순간적으로 그는 일념 속에 빠져들었다.

'죽어서는 안 된다. 저놈에게 잡아먹힐 수는 없다.'

찰나지간에 그는 화살을 활에 메겨 활시위를 당겼다. '꽉' 하고 꽂히는 소리가 들려 정통으로 맞힌 줄 알았는데, 어찌 된 영문인지 화살을 맞은 호랑이는 꿈쩍도 하지 않았다. 그는 다시 화살을 날려 정통으로 맞혔지만 이번에도 쓰러져야 할 호랑이는 그대로 앉아 있는 것이었다. 그래서 다시 활시위를 당겨 모두 세 방을 정통으로 맞혔는데도 전혀 움직이지 않았다.

'거 참 이상하다'는 생각과 함께 주위를 둘러보니 사방은 칠흑같이 어두웠고, 별안간 무서운 생각이 몰려들어 '걸음아, 날 살려라' 하면서 집으로 뛰어갔다.

그다음 날 손에 손에 무기를 든 동네 사람들을 이끌고 그곳으로 가서 보니, 마땅히 죽어 있어야 할 호랑이는 간 곳이 없고, 그 자리에는 호랑이를 꼭 닮은 바윗돌이 있었다. 그리고 어젯밤 자기가 쏜 화살 세 개가 거기에 박혀 있는 것이 아닌가!

"야, 그것참 이상하다. 어제저녁 바위를 호랑이로 본 것은 내가 잘못 보았다고 치더라도, 어떻게 화살이 저기에 박혔을까? 내 힘이 저렇게 세단 말인가?"

그리고는 어제처럼 다시 화살을 쏘아 보았다. 그러나 화살이 바위에 박히기는커녕, 바위에 부딪치는 순간 화살촉만 부러져 버렸다.

☙

이것이 바로 참 마음자리에서 나오는 '사력십증배'의 힘이다.

이를 기도에 적용시켜 생각해보라. 목숨이 달린 다급한 일이 있다면, 목숨처럼 소중한 일이 있다면 어떻게 기도를 할 것인가? 참 마음자리의 영원한 생명력, 무한한 능력이 필요하다면 어떠한 자세로 기도해야 하는가?

사력을 다한 기도! 바로 사력을 다한 기도를 하면 된다. '죽으면 산다'는 말이 있듯이, 사력을 다하여 기도할 때 참 마음자리의 무한능력이 분출되어 모든 소원이 이루어질 수 있는 것이고, 이를

응용하여 옛 스님들은 목숨을 구하는 기도를 행하
도록 하셨다.

사력을 다한 기도…. 이와 관련된 이야기 한 편
을 함께 음미해 보자.

사형수 아들을 살린 어머니의 기도

✿

제1공화국 이승만 정권 말기에 치안국장을 지낸 이강학은 대구에서 태어났다. 일찍이 미국 유학길에 올라 경찰대학을 수석으로 졸업하였는데, 이승만 대통령의 눈에 띄어 서른의 나이로 치안국장이라는 높은 자리에 앉게 된 것이다.

그의 어머니 대덕화大德華보살은 불심이 돈독한 분으로 열심히 팔공산 파계사에 다녔으며, 차를 타고 가다가도 스님만 보면 차에서 내려 절을 하고, 주머니를 털어 단돈 얼마라도 주어야 직성이 풀리는 분이었다.

대덕화 보살은 아들이 치안국장이 되자 여러 절을 찾아다니며 불사佛事를 많이 도왔고, 사찰의 어려운 일을 적극 해결해 주었다.

사찰 입구의 길을 닦는 일, 법당을 짓기 위해 나무를 베는 일, 불상을 모시기 위해 돈을 모으는 일 등

당시의 어려웠던 절 집안을 위해 헌신을 아끼지 않았다.

그런데 이승만 정권의 부정부패를 보다 못한 학생들이 봉기를 하여 4·19가 일어났고, 그 와중에서 3·15부정선거와 군중을 향해 발포 명령을 내리고 폭력을 행사한 죄로, 내무부장관이었던 최인규와 함께 법무부장관 홍진기, 정치깡패 이정재, 치안국장 이강학이 1961년 12월 초에 사형을 선고받게 되었다.

이제 국가재건 최고회의 의장인 박정희의 결재만 떨어지면 사형이 집행될 처지에 있었다.

72세의 대덕화 보살은 울고 또 울면서 팔공산 파계사까지 50리 길을 걸어갔다. 그러나 보살을 본 파계사의 스님들은 슬금슬금 피하였다. 때마침 평소에 여러 차례 만났던 30대 중반의 보성스님이 보이자 보살은 스님의 장삼을 양손으로 부여잡고 외쳤다.

"스님요, 내 아들이 죽게 되었소. 아들이 사형당하게 되면 나는 이 세상을 단 1분도 더 살 이유가 없소. 내 목숨이라도 바칠 테니 제발 아들을 살려주시오."

보성스님은 울면서 매달리는 대덕화보살에게 무슨 말을 해야 할지를 알 수 없었는데, 순간 한 생각이 떠올랐다.

"보살님, 아들을 꼭 살리고자 하면 불보살님께 매달려 보십시오. 사람의 마음대로 되지 않는 일이면 불보살님께 의지하는 길밖에 없습니다. 그렇지만 보통 기도로는 안 됩니다. 아드님을 30년 동안 키웠으니, 30년 키운 공만큼 부처님께 공을 들여야 할 것입니다. 죽기 살기로 기도하십시오."

"내야 기도하다가 죽어도 좋소. 내 아들만 살아난다면…."

"그와 같은 각오라면 좋습니다. 지금부터 불보살님께 매달려 기도를 드리되, 세 가지 조건을 꼭 지켜야 합니다. 첫째, 잠을 자지 마십시오. 둘째 밥을 먹지 마십시오. 그러나 물은 마음껏 마셔도 됩니다. 셋째, 아는 스님이 없는 절에 가서 기도하십시오. 이 세 가지를 지킬 수 있겠습니까?"

"예."

"그럼 법당에 들어가 부처님 전에 이 세 가지 조건을 지키겠다는 맹세를 올리십시오."

대덕화 보살은 부처님께 지키겠다는 맹세를 하고, 파계사를 떠나 청도 운문사의 사리암으로 갔다. 그런데 사리암의 원주스님이 아는 분이었다. 다시 다른 절로 가기가 난감하였던 보살은 원주스님께 간곡히 당부하였다.

"나는 부처님과 세 가지를 약속했습니다. 잠 안 자고 밥 안 먹고 아는 스님 없는 절에서 기도하기로. 그런데 스님이 이 절에 계시는구려. 그렇다고 다른 절로 갈 처지가 아니니, 스님께서 나를 모른 척해주십시오. 그리고 기도가 끝날 때까지는 내가 죽더라도 그냥 내버려 두십시오."

그날부터 대덕화보살은 '나반존자'를 부르며 기도를 시작했다. 뚱뚱한 체구의 늙은 대덕화 보살은 아들을 구하겠다는 일념으로 열심히 나반존자를 부르며 성심껏 절도 하였다.

잠도 자지 않고 물만 먹으며 기도를 한 지 3일, 12

월의 차가운 날씨에도 대덕화 보살의 몸에서는 땀이 나기 시작했다. 그런데 그 땀은 보통 땀이 아니었다. 지독한 악취를 풍기는 땀이었다. 냄새가 얼마나 지독하였던지, 다른 기도객들이 모두 곁을 떠나버렸다.

그리고 몸에서는 기력이 탈진되기 시작했다. 그냥 엎드려 자고 싶을 뿐이었다. 그러나 대덕화 보살은 마음을 다잡고 또 다잡았다.

'죽을 목숨 살리기가 어찌 쉬우랴. 나는 지금 하나밖에 없는 아들을 살리고자 기도를 드리고 있다. 일념으로 빌고 또 빌어도 이루어지기 어려운 일인데, 자고 싶고 먹고 싶은 유혹에 빠져들다니···. 내 목숨과 아들의 목숨을 바꿀 각오로 기도를 하자.'

대덕화 보살은 죽을힘을 다해 기도를 했다. 그리고 죽을 쑤어 먹기를 권하는 원주의 청을 냉정히 뿌리쳤다.

마침내 7일째 되는 날, 원주스님이 사시마지를 올리고 있는데, 옆에서 기도를 올리고 있던 대덕화 보살이 연달아 "예, 예, 예"하고 소리치는 것이었다. 원주는 생각했다.

'아, 이 할머니가 밥 안 먹고 잠 안 자고 기도를 하더니 완전히 돌았구나.'

그렇게 추측하며 마지를 끝마쳤는데, 갑자기 대덕화보살이 물었다.

"지금 몇 시입니까?"

"12시가 다 되었습니다."

"라디오 한번 틀어보십시오. 빨리요."

라디오에서는 내무부장관을 지낸 최인규와 정치깡패 이정재는 사형이 확정되었고, 홍진기와 이강학은 15년 징역으로 감해졌다는 방송이 흘러나오고 있었다. 아들 이강학이 살아난 것이다. 그때서야 대덕화 보살은 원주스님에게 부탁을 했다.

"스님, 이제 미음 좀 끓여 주시려오?"

그리고는 기도영험담을 이야기하였다.

7일째 마지를 올리던 그 시각, 갑자기 웬 스님 한 분이 동냥 그릇을 든 채 앞에 나타나 손을 내밀었다.

'네 품속에 빨간색 종이가 있지?'

"예."

"내어놓아라."

보살이 빨간색 종이를 꺼내어 바치자, 노스님은 받아 품속에 넣고 거듭 지시하였다.

"네 품속에 있는 흰색 종이를 꺼내거라."

보살이 흰 종이를 꺼내었다.

"이제 그 종이 위에 네가 원하는 대로 쓰면 되느니라."

빨간색 종이는 빨갱이를 뜻한 것이었다. 당시에는 빨갱이로 몰리면 죽지 않을 수 없었던 시절. 이제 빨간색 종이를 주고 흰색 종이에 소원을 쓸 수 있게 되었으니 어찌 이강학이 살아나지 않을 수 있었겠는가?

그 뒤 이강학은 감형과 사면을 거쳐 자유의 몸이 되었고, 무역회사를 차려 미국으로 이민하였다.

☙

사람이 살다 보면 여러 가지 다급한 일이 생기기 마련이다. 생각지도 않았던 다급한 일이 발생하였지만, 내 마음대로도 할 수 없고 남의 도움도 받을 수 없다면 그 마음이 어떠하겠는가? 다급한 생각에 음식은커녕 잠도 제대로 이룰 수 없게 된다.

바로 이러한 때에 지극한 기도를 하면 느닷없이 좋은 일이 찾아들어 모든 어려움을 해결하게 된다.

만약 대덕화보살의 이러한 기도가 없었다면 이 강학은 틀림없이 죽었을 것이다. 곧 사력을 다한 어머니의 기도가 아들을 살렸던 것이다. 이처럼 지극한 기도는 나의 업이 아닌 다른 사람의 업까지도 능히 녹일 수 있다.

일찍이 부처님께서는 '살인 등의 큰 죄를 범하였을지라도 불보살님 전에 지극히 기도를 하여 서상 瑞相(좋은 징조)을 입으면 죄가 다 소멸된다'고 하셨다. 기도를 지극히 하면 어떠한 업장도 소멸될 수 있는 것이다.

이 세상의 일이란 낮과 밤의 원리와 같다. 어둠이 다하면 밝음이 오고, 밝음이 다하면 어둠이 오게 되어 있다.

이를 기도에 적용시켜 보면, 어둠은 업장이요 밝

음은 가피이다. 업장이 두터워 뜻과 같이 되지 않을 때 일월과 같은 부처님의 자비에 의지해 보라. 틀림없이 어두운 것이 사라지고 밝음이 오게 되어 있다. 문제는 오직 나의 정성이니, 만약 업장이 매우 두텁다면 사력을 다해 목숨을 걸고 기도할 필요가 있다.

그리고 지금 우리에게 비상한 일이 일어나고 있다면 비상한 기도, 비상한 참회가 뒤따라야 한다.

참으로 큰일을 해결하고자 한다면 밤낮없이 염불하면서 기도하여야 한다. 또 절을 한다면 3천 배를 3일 또는 7일, 나아가 21일 정도는 하여야 한다.

지금, 큰일이 눈앞에 이르렀다면 크게 마음을 일으켜 불보살님께 매달려 보라. 이것만은 꼭 소원 성취하게 해달라고, 잘못했으니 살려 달라고 하라.

부처님께 매달려 온 힘을 다해 기도하면 부처님의 밝은 가피는 나에게 이르기 마련이고, 가피력이 나에게 이르면 어두운 업장이 녹아들어 모든 일이 원만하게 풀리게 되어 있는 것이다.

가피의 비결

그렇다고 꼭 사력을 다한 기도를 해야만 가피를 얻을 수 있는가?

아니다. 지금 나의 몸이 죽을 듯이 아프거나 특별한 환경에 처해있다면 어떻게 3천 배 등의 기도를 할 수 있겠는가? 이때는 간절한 마음으로 소원을 비는 기도를 하면 된다.

조금 더 구체적으로 이야기해 보자. '꼭 되게 해주십사' 하고 간절하게 관세음보살을 부르면, 관세음보살이 나타나서 그 사람의 소망에 부응하는 편지 한 장을 주거나, 약을 주거나, 차를 한 잔 주는 꿈을 꾸게 된다. 이와 같은 꿈을 꾸면 자기의 소망은 그대로 성취되는 가피를 입게 된다.

곧 꿈속에서 받는 편지는 소원성취나 합격 통지서요, 차를 한 잔 받아 마시거나 약 한 알을 얻어 먹으면 몸이 좋아진다는 징조이다. 열쇠를 하나 받으면 이튿날 돈이 들어오기도 한다.

한 가지 예를 들어보자.

❀

서울 미아리에 살았던 40대의 보살이 체험한 이야기이다. 그녀는 전생에 닦은 복이 많아서인지 어려서부터 유복하게 자랐고, 돈도 잘 벌고 가정도 잘 돌보는 남편을 만났으며, 아이들도 착실하고 공부를 잘하여 근심 없이 살았다.

그런데 어느 날 갑자기 입 안이 허는 병이 생겼다. 한두 군데도 아니고 온 입 안이 헐어서 음식은커녕 물조차 먹기 힘든 지경이었다. 병원에서 치료를 받아도 차도가 없고, 한의원을 찾아가니 "입 안이 허는 병은 위장에서 온다"고 하며 위장약을 지어 주었으나 역시 효험이 없었다.

설상가상이라더니, 마침내는 혀를 움직일 때마다 입 안이 아파 말조차 제대로 할 수 없게 되고 말았다.

날이 갈수록 그녀의 몰골은 여위어만 갔고, 말조

차 제대로 할 수 없으니 신경만 날카로워지게 되었다. 남편의 자상한 보살핌, 아이들의 재롱도 귀찮게 느껴질 뿐 아니라, 죽음의 그림자가 그녀를 덮고 있는 것 같아 견딜 수가 없었다.

그녀는 집 가까이에 있는 절을 찾아갔다. 부처님께 절을 하면서 살려 달라고 매달리고 싶었으나, 엎드리면 이빨이 다 쏟아지는 것 같아 절도 할 수 없었다. 입 안이 퉁퉁 붓고 헐어서 염불을 할 수도 없었다.

하는 수 없이 그녀는 가만히 앉아 부처님을 바라보면서 속으로 빌었다.

"대자대비하신 부처님! 제발 저의 입병을 낫게 해 주십시오."

온종일 부처님만 바라보면서 이렇게 한마음으로 빌다가 집으로 돌아왔다. 그렇게 하기를 며칠, 그녀는 꿈을 꾸었다.

그녀가 열심히 부처님을 바라보며 기도를 하고 있는데, 부처님께서 갑자기 자리에서 일어나 불단을 내려오셨다. 그리고는 다기에 담겨 있는 물을 찻잔에 가득 따라주셨다. 엉겁결에 그 물을 받아 마시려고 하자 부처님께서 일러주셨다.

"그냥 삼키지 말고 입 안에서 우물우물하다 넘겨라."

그녀는 시키는 대로 하고 꿈에서 깨어났는데, 거짓말처럼 입병이 말끔히 나아 있었다. 매운 음식, 짠 음식, 그 어떠한 것을 먹어도 입 안이 아프지 않았다.

'세상에 어찌 이토록 신기한 일이 있단 말인가?'

그녀는 감격하여 불교신문에 이 사실을 투고하였다. 글솜씨는 서툴렀지만 불자들에게 부처님의 불가사의한 가피력을 알리고자 투고하였던 것이다.

§

이 이야기에서처럼 다급한 일을 당하였지만, 3천 배 등의 힘든 기도를 할 수 없는 경우라면 가피를 입을 때까지 마음으로 간절하게 기도해야 한다.

또, 꼭 소리를 내어 염불을 해야만 기도가 되는

것은 아니다. '생각 염念'자 염불念佛. 꼭 입으로 부르지 않더라도 마음속으로 부처님을 열심히 생각하면 그것이 참된 염불이요, 생각하고 매달리는 마음이 간절하면 부처님과 하나가 되어 저절로 가피를 입게 되는 것이다.

다급한 일이 있다면 용맹스럽고 간절한 기도로 해결을 보고자 하라. 마땅히 힘 있는 기도, 간절한 기도, 믿음이 깃든 기도로써 불보살의 품 안으로 뛰어들어야 하리라.

더 큰 성취를 위한 기도

기도로써 처음의 기틀을

이제 기도의 차원을 조금 더 높여 보자.

사람들은 기도를 현실적인 소원성취 또는 현재 처한 고난을 벗어나는 방편으로 생각하는 경향이 많다. 그러나 기도의 결실은 그 정도로 한정되어 있는 것이 아니다. 오히려 기도는 오도悟道의 한 방법으로, 출가 재가할 것 없이 수행의 걸음마 단계에 있는 사람에게 올바른 길로 나아가게 하는 훌륭한 길잡이가 되기도 한다.

또한 기도를 통하여 특별한 경지를 이루게 됨은 물론이요, 도를 깨닫는 경우도 많이 있다. 그러나 말만으로는 쉽게 이해가 되는 것이 아니므로, 실제의 일들을 예로 들면서 살펴보는 것이 바람직하리라.

먼저 처음 수행의 길에 들어섰거나 새로운 일의 성취를 바라는 이가 했으면 하는 기도 이야기부터 하고자 한다.

세상의 그 어떤 일이든 처음은 언제나 중요하다.

새로운 삶이나 처음으로 수행의 길에 들어선 사람들. 그들의 시작하는 마음, 그 첫 마음은 너무나 순수하고 완전히 비어 있다. 그리고 비어 있기 때문에 어떠한 것이든 받아들일 준비가 되어 있다.

이 순수하고 비어있는 마음으로 기도를 하면 부처님의 가피와 깨달음을 쉽게 접할 수 있기 때문에 나는 처음 수행을 결심한 사람이나 새로 출발하는 사람들에게 간곡히 권하곤 한다.

신심을 다 바쳐 기도함으로써 보이지 않는 업장을 녹이고 앞날의 기틀을 잡을 것을!

나 또한 출가 초기에 네 차례의 기도를 통하여 평생의 수행 기틀을 잡았고, 삼일운동 33인의 한 분으로 우리에게 잘 알려져 있는 백용성白龍城 스님도 그러한 고승들 중의 한 분이다.

❀

3·1운동 당시 33인의 한 사람이었던 용성스님은 천수대비주千手大悲呪(신묘장구대다라니)를 외워 수행의 기틀을 바로잡은 고승이다.

유교 집안에서 태어난 스님이 불교와 첫 인연을 맺은 것은 1877년 14세 때의 일이었다. 꿈속에서 부처님의 수기를 받고 불경을 보기 시작했고, 남원 덕밀암으로 출가하였으나 부모님의 강한 만류로 집에 돌아와야만 했다.

그 후 2년이 지난 16세 때 해인사로 찾아가 화월스님을 은사로 모시고 정식으로 출가하였으며, 17세 때 의성 고운사의 수월스님을 찾아가 소년답지 않은 질문을 던졌다.

"나고 죽음은 인생에 있어 가장 큰일입니다. 모든 것은 무상하여 날로 변합니다. 어떻게 해야 생사도 없고 변하지도 않는 '나'의 성품을 볼 수 있습니까?"

그러나 당대의 대고승인 수월스님은 이 질문에 대한 답을 하지 않고, 먼저 천수대비주를 외울 것을 권하였다.

"지금은 숙업宿業이 무겁고 장애가 많아 견성법見性法을 너에게 일러주어도 제대로 이해할 수 없다. 대비주를 부지런히 외우면 업장이 소멸되고 마음도 맑아져서 저절로 길을 알 수 있게 될 것이다. 얼마 동안은 아무 생각 말고 대비주만 외우도록 하여라."

수월스님의 가르침에 따라, 용성스님은 대비주를 10만 번 외우기로 스스로 다짐하고 부지런히 외웠다. 9개월에 걸쳐 대비주를 10만 번 외워 마쳤을 때 스님은 양주 보광사 도솔암에 머물러 있었다. 그런데 불현듯 한 가지 의문이 솟아오르는 것이었다.

"산하대지와 삼라만상에는 모두 근원이 있다. 그렇다면 사람의 근원은 무엇인가? 보고 듣고 깨닫고 아는 근원은 어디에 있으며 어디에서 오는 것인가?"

이 의문을 일념으로 생각한 지 엿새가 되었을 때,

마치 깜깜한 방에 등불이 밝혀지듯 그 근원을 확연히 알 수 있게 되었다.

그 뒤 용성스님은 '무無'자 화두를 꾸준히 참구하여 대오大悟하였으며, 일제의 대처불교에 대응하여 대각교운동大覺教運動을 전개하고, 역경사업에도 크게 공헌하셨다.

&

우리는 스님의 깨달음과 모든 활동에 10만 번의 대비주가 힘의 원천을 이루고 있다는 사실에 주목을 해야만 한다.

'대비주'도 좋고 '관세음보살'도 좋다. '나무아미타불'도 좋고 '마하반야바라밀'도 좋다. 경전을 독송하거나 사경하는 기도도 좋다. 무엇이든 한 가지를 택하여 부지런히 염하여 보라.

특히 지금 불법의 문턱에 들어선 사람이나 새로운 일을 시작하는 사람은 꼭 한 차례 깊이 있게 특별 기도를 할 필요가 있다.

무턱대고 어려운 교리나 의심도 나지 않는 화두

를 들고 마구잡이로 씨름하기보다는, 평생토록 해야 할 새로운 일에 무작정 뛰어들기보다는, 스스로 마음을 정하여 업장을 녹이고 신심을 북돋울 수 있는 기도를 한바탕 열심히 하는 것이 장래의 수행과 새로운 삶에 훨씬 큰 도움을 주기 때문이다.

그야말로 불보살의 가피를 입을 때까지, 또는 삼칠일의 용맹스러운 기도나 백일기도 등을 올리게 되면, 처음의 순수한 그 마음에서 신심과 크나큰 능력이 샘솟아 해탈과 성취의 세계로 쉽게 나아갈 수 있게 되는 것이다.

수행과 일에 장애가 있을 때

그리고 수행이나 새로운 일을 하다 보면 뜻과 같이 되지 않을 때가 많다. 번뇌가 치성할 때도 있고 지난 일에 대한 미련이 솟구칠 때도 있으며, 몸이 공연히 아프거나 뜻하지 않은 일에 휘말릴 때도 있다. 이러한 일을 당하였다고 하여 수행이나 일을 포기해서는 안 된다. 오히려 이러한 때에 필요한 것이 기도이다.

다시금 마음을 굳게 가지고 시련을 넘어서는 기도를 해보라. 기도를 안 하면 몰라도, 기도를 하게 되면 반드시 새로운 힘이 샘솟게 된다.

진정한 불자라면 시련의 시기를 기도로써 극복하여 하는 일을 더욱 활성화 시키고, 불보살의 경지로 더욱 가까이 다가서야 한다.

옛 스님들은, "자력自力, 곧 스스로의 힘으로 깨닫는 것을 중요시하는 참선 수행자라 할지라도 장애가 있으면 한바탕 기도를 하는 것이 바람직하

다"고 하셨다. 하물며 세상에서의 원성취를 바라
는 이들이야 말할 것이 있겠는가?

모름지기 기도를 통하여 원願을 새롭게 가꾸고,
힘을 얻어야 한다. 그리고 한 번의 기도로 해결이
되지 않을 때는 거듭거듭 기도를 하여 걸림이 없는
자리로 나아가야 한다.

누구든지 갈등이 있으면 기도하라. 기도를 통하
여 거듭거듭 발심하라. 일이나 삶에 장애가 많고
공부가 잘되지 않을 때 기도를 하면 불보살님께서
틀림없이 큰 힘을 주신다.

나아가 기도를 하여 힘이 드는 것도 시간 가는
줄도 모르게 되면 묘한 힘을 얻고 큰 힘을 얻게 되
며, 기도가 삼매를 이루게 되면 깨달음으로 이어지
게 된다.

그리고 여기서 한 걸음 더 나아가, 모든 상대적
인 경계와 죽고 사는 것까지 초월하는 무심삼매無
心三昧에 빠져들면 마침내 오도悟道의 경지에 이르
게 된다.

기도가 꿈속에서도 계속되어 일념삼매一念三昧에 젖어 들게 되면, 원성취와 깨달음의 문이 저절로 열리게 된다는 사실을 잊지 말고, 열심히 기도하기를 당부드린다.

글을 맺으며

이제까지 우리는 여러 가지 기도법에 대해 이야기하였고, 그 방법과 원리에 대해 함께 살펴보았다. 하지만 기도는 긍정적인 면으로만 가득 채워져 있는 것이 아니다.

기도를 열심히 하다 보면 때때로 뜻하지 않게 장애가 나타나는 경우도 있다. 단순히 게으른 마음이 일어나는 것이 아니라, 기도를 통하여 새로운 경계가 눈앞에 보이는 것이다.

새로운 것이 무엇인가? 앞일이 보이기도 하고 남의 운명이 그대로 비치기도 한다. 남의 마음을 읽기도 하고, 몸이 깃털처럼 가벼워지기도 한다.

이제까지 없었던 능력이 자기도 모르게 생겨나

면 한편으로는 두렵지만 한편으로는 신기하고 흥미롭다. 그래서 자기도 모르게 새로운 경계에 빨려 들어가는 수가 많다.

이때가 문제이다. 이때 조심하지 않으면 안 된다. 곧 번뇌 때문에 일렁거리던 자기의 마음이 맑아져서 이제까지 비치지 않았던 무엇인가가 비치는 것일 뿐, 아직은 완전히 맑아지고 밝아진 경지가 아닌 것이다.

그러므로 기도하는 방법을 정확히 알아서 꼭 필요한 기도를 하여야지, 허황된 기도를 하여서는 안 된다. 그리고 기도를 하다가 나타나는 경계에 사로잡히면 안 된다. 앞일을 알기 위해 한 기도가 아닌데 앞일이 보인다고 현혹될 것이 무엇인가? 남의 운명을 보기 위해 한 기도가 아닌데 남의 운명이 보인다고 떠들 것이 무엇인가?

이것이 마구니의 장애인 마장魔障이다. 이 마장을 벗어나야 한다. 마구니는 자기가 맑아지고 있고 업이 녹고 있음을 알려주는 것일 뿐이다. 하지

만 다 녹았다는 것이 아니다. 다 맑아졌다는 것이
아니다.

그러므로 이때 더 힘을 기울여 기도에 집중하여
야 한다. 더욱 열심히 자기의 원願으로 돌아가 기
도하면 머지않아 좋은 결실을 이룰 수가 있다. 마
구니가 결실이 가까워졌음을 알려주는 신호이기
때문이다. 곧 새로운 경계가 나타나면 '내가 분기
점에 와 있다'는 것을 자각하여야 한다.

실로 기도를 하다가 마음이 딴 데로 팔리고 톱
니바퀴가 헛돌아 신기神氣가 드는 사람도 많다.

❀

내 나이 40세 무렵, 여행을 하다가 조그마한 무당
절을 잠시 지나치게 되었는데, 마침 안에서 사람의
말소리가 들려오는 것이었다.

"관세음보살, 관세음보살…. 네 아들이 지금 부산
의 어느 식당에서 일을 보아주고 있구나."

'허, 관세음보살 귀신이 단단히 붙었구면.'

이렇게 생각하며 모른 척하고 소리쳐 불렀다.

"주인 계십니까?"

방문을 연 점장이는 나를 보더니 깜짝 놀라며 넙죽 엎드렸다.

"아이구, 큰 관세음보살님! 큰 관세음보살님!"

나는 자리에 앉으며 계속 점을 보라고 했다.

"더 계속하십시오."

"저는 모릅니다. 저는 모릅니다."

§

이 얼마나 어처구니없는 이야기인가? 어찌 관세음보살에 큰 관세음보살이 있고 작은 관세음보살이 있을 것인가?

오로지 기도하는 사람은 자기 소원을 축으로 삼아, 기도의 대상인 불보살님과 기도하는 '나'의 톱니바퀴를 잘 맞추면서 기도를 해야 한다. 순수한 마음, 간절한 마음, 올바른 믿음을 가지고 기도를 하면 가피가 저절로 따르고, 허황한 욕심과 잘못된 믿음으로 기도를 하면 그릇된 길로 나아가게 된다는 것을 명심하면서….

아울러 기도하는 틈틈이 자기의 마음을 돌아보며 기도할 줄 알아야 한다. '순수하고 간절한 마음으로 기도하여 삼매에 이르게 되면 반드시 불보살의 가피가 찾아들게 된다'는 것을 명심하고 기도에 임하기를 당부드리면서, 한 편의 이야기로 끝맺음을 하고자 한다.

❀

옛날, 지극한 마음으로 극락세계에 가기를 원했던 사람이 있었다. 그는 만나는 사람마다 극락에 갈 수 있는 방법을 물었고, 그 방법만 일러주면 무엇이든지 하겠다고 했다.

마침 땡추중이 이 말을 듣고 그 어리석은 사람을 불렀다.

"10년 동안 내가 시키는 일을 하면서 나무아미타불을 외우면 극락에 보내주마."

그 사람은 틈틈이 '나무아미타불' 염불을 하면서

땡추중의 지시라면 입 안의 혀처럼 극진히 행하였다. 10년이 지나자 땡추중은 부자가 되었고, 그 사람은 이제 극락으로 보내 달라고 하였다. 땡추중은 그 사람을 데리고 산 위의 절벽 꼭대기로 갔다. 그리고 소나무 위로 올라가 두 손으로 가지를 잡고 매달리게 하였다.

"이제 한 손을 놓아라."

"한쪽 손도 마저 놓아라."

"나무아미타불을 외워라."

그 사람은 수천 길 낭떠러지 속으로 떨어지면서 크게 나무아미타불을 외웠다. 바로 그 순간, 서쪽 방향에서 오색구름이 나타나더니 떨어지는 그 사람을 태우고 가버리는 것이었다.

땡추중은 기가 막혔다. 자기의 능력이 탄로 나서 10년 동안 벌어준 재산을 빼앗길까 봐 두려워 죽이려고 한 것인데 극락으로 가버리다니…. 땡추중은 자신의 능력이 보통이 아니라는 착각과 함께, 자신도 극락으로 가고자 소나무 위로 올라갔다.

"한쪽 손을 놓아라."

"다시 한쪽 손을 놓아라."

"나무아미타불."

땡추중은 낭떠러지 아래로 떨어져 죽고 말았다.

§

매우 우스운 이야기 같지만 이것이 바로 일심기도법이다. 실로 일심기도 속에서 이루어지지 않는일은 없다. 지극한 마음으로 법답게 기도하면 반드시 해탈을 얻을 수 있는 것이다.

부디 우리 불자들이 참된 기도법에 의지하여 부지런히 기도 정진함으로써 마음을 맑히고 불보살의 가피를 입어, 남김없이 소원을 성취하게 되기를빌어 마지않는다.

나무마하반야바라밀.

저자 동곡일타東谷日陀 스님

1929년 충남 공주에서 출생하여 1942년 양산 통도사로 출가하였다. 1946년 송광사 삼일암의 수선안거修禪安居를 시작으로 일평생을 참선정진과 중생교화에만 몰두하셨다. 대중들의 추대로 해인사 주지·대한불교조계종 전계대화상·대한불교조계종 원로위원·은해사 조실 등을 역임하였으며, 1999년 11월 29일 세수 71세, 법랍 58세로 열반에 드셨다.

저서로는 『생활 속의 기도법』『기도』『범망경보살계』『법공양문』『오계이야기』『윤회와 인과응보 이야기』『불자의 마음가짐과 수행법』『부드러운 말 한마디 미묘한 향이로다』『불자의 기본예절』『불교예절입문』『선수행의 길잡이』『초심(시작하는 마음)』『발심수행장(영원으로 향하는 마음)』『자경문(자기를 돌아보는 마음)』이 있다. 공저로는 『광명진언 기도법』과 『병환과 기도』가 있으며, 일대기『아! 일타큰스님』도 있다.

신행과 포교를 위한 불서 (4×6판, 각 100쪽)

바느질하는 부처님
김현준 편저 3,500원
부처님 일대기 중에서 향기로운 이야기 29편을 가려 뽑아 엮은
책. 인생을 지혜롭게 이끌어 주는 부처님의 가르침이 가득하다.

광명진언 기도법
일타스님 · 김현준 저 3,500원
광명진언기도의 영가천도 및 생활 속에서의 효과, 이 진언의 깊
은 가르침, 기도 방법과 마음가짐, 기도영험담 등을 수록하였다.

행복과 성공을 위한 도담
경봉스님 저 3,500원
인생을 어떻게 살 것인가? 행복은 누구에게 깃들며, 어떻게 할 때
성공하는가? 복 짓는 법 등을 명쾌하고 자상하게 설하고 있다.

보왕삼매론 풀이
김현준 저 3,500원
장애의 극복 방법을 일러주어, 지혜롭고 복된 삶을 살 수 있도록
이끌어주는 보왕삼매론을 매우 감동적으로 풀어 쓴 책이다.

불교예절입문
일타스님 저 3,500원
불교의 예절 속에 깃든 상징성과 함께 합장법, 절하는 법, 사찰
에서의 기본예절, 법문 듣는 법 등을 새롭게 정리하였다.

불자의 삶과 공부
우룡스님 저 3,500원
현재의 삶에서 주인노릇은 잘하고 있는가? 어떠한 이가 참된 불
자인가? 등을 되묻고, 어떠한 공부를 하면 좋은지를 일깨워준다.

행복을 여는 감로법문
일타스님 저 3,500원
이 책을 읽어 보라. 업을 멸하고 지혜의 눈과 행복의 문을 열려면
어떻게 수행해야 하는지를 분명히 알 수 있게 된다.

불성발현의 길
우룡스님 저 3,500원
내 속에 있는 불성이 깨달음의 원동력이요 자정능력을 발휘한다
는 것과 무명을 타파하는 법 등을 정성을 다해 설하고 있다.

삶의 향기를 더해주는 일타큰스님의 법문집

❀

기도
신국판 240쪽 9,000원

총 6장 52편의 다양한 기도 영험담으로 엮어진 이 책을 읽다보면 기도를 통해 틀림없이 부처님의 가피를 입을 수 있음을 확신할 수 있게 되고, 올바른 기도법과 함께 기도성취의 지름길을 알 수 있게 됩니다.

윤회와 인과응보 이야기
신국판 240쪽 9,000원

"죽음 뒤의 세상과 윤회, 내가 지은 업은 어떻게 전개될 것인가?" 이러한 의문의 해답을 일러주고자 총 49가지 이야기로 엮은 이 책을 읽다 보면 윤회와 인과응보에 대한 해답을 명확하게 얻을 수 있게 됩니다.

불자의 마음가짐과 수행법
신국판 192쪽 7,000원

불자들이 큰 행복과 대자유를 얻기 위해서는 어떠한 마음가짐으로 살아야 하며, 참선·염불·간경·주력의 불교 4대 수행법을 어떻게 닦아야 하는가를 갖가지 비유를 들어 상세히 설하고 있습니다.

부드러운 말 한마디 미묘한 향이로다
신국판 240쪽 9,000원

일타스님 대표 법문집. 삶의 이유, 복된 삶 이루는 방법, 보시와 지계, 도 닦는 법, 지혜성취법 등의 맑고 주옥같은 법문으로 행복의 세계로 향하는 문을 열어주고 있습니다.

초심-시작하는 마음
신국판 272쪽 10,000원

보조국사의 『계초심학인문』을 알기 쉽게 풀이한 책. 불교를 믿는 초심자들이 가장 먼저 읽었던 계초심학인문을 풀이한 이 책을 읽게 되면 진리를 향한 첫걸음을 쉽게 옮길 수 있습니다.

발심수행장-영원으로 향하는 마음
신국판 240쪽 9,000원

원효대사의 발심수행장을 풀이한 이 책을 읽다 보면 지금 여기에서 영원과 행복의 문을 여는 비결, 나와 남을 함께 살리는 길, 깊은 신심을 이루고 참된 발심을 하는 방법을 터득할 수 있습니다.

자경문-자기를 돌아보는 마음
신국판 280쪽 10,000원

야운스님의 자경문을 풀이한 책으로, 인간이 윤회하는 까닭, 참된 나를 찾는 묘법, 해탈을 이루는 비결, 공부할 때의 마음가짐과 하심법, 자비평등심, 깨침의 원리 등을 상세히 밝혀 놓았습니다.

오계이야기
신국판 160쪽 6,000원

살생·투도·사음·망어·음주의 5계에 대한 법문집. 재미있는 일화를 들어 각 계율의 연원과 지키는 방법, 계율을 범했을 때의 과보 등을 자세히 설했습니다. 복된 불자의 길로 나아가게 하는 불자의 필독서입니다.

범망경 보살계
신국판 508쪽 17,000원

일타스님 일평생의 역작. 십중대계와 48경계를 명쾌하고 간절하게 풀이한 이 책을 읽다 보면 어둔 밤에 밝은 등불을 만난 것과 같은 환희심과 함께 참된 불자의 길을 알 수 있게 됩니다.

손안의 불서 ①
일상기도와 특별기도

지은이 일타큰스님
엮은이 김현준
펴낸이 김연지
펴낸곳 효림출판사

초 판 1쇄 펴낸날 2020년   7월 30일
개정판 1쇄 펴낸날 2023년   2월 22일
        2쇄 펴낸날 2025년   4월 16일

등록일 1992년 1월 13일 (제2-1305호)
주 소 서울특별시 서초구 반포대로14길 30, 907호 (서초동, 센츄리Ⅰ)
전 화 02-582-6612, 587-6612
팩 스 02-586-9078
이메일 hyorim@nate.com

값 3,500원

ⓒ 효림출판사 2023
ISBN 979-11-87508-85-4 (03220)